AF485066

Cómo dar un examen

La Bisagra | Buenos Aires | 2011

Fau, Mauricio Enrique
    Cómo dar un examen. - 1a ed. - Buenos Aires : La Bisagra Editorial, 2011.
    64 p. ; 17x11 cm. - (Técnicas de Estudio / Mauricio Enrique Fau; 4)

    ISBN 978-987-1719-23-5

    1. Técnicas de Estudio. I. Título
    CDD 371.302 81

Colección Técnicas de Estudio
Director de la colección › Lic. Mauricio E. Fau

Mauricio Fau se graduó en la Licenciatura en Ciencia Política en la Universidad de Buenos Aires, UBA. Cursó también estudios de grado en la Carrera de Derecho de la UBA y en la Carrera de Periodismo de la Universidad de Morón.

Asimismo realizó materias de posgrado de la Maestría en Ciencias Sociales con especialización en Ciencia Política de la Facultad Latinoamericana de Ciencias Sociales, FLACSO.

Asistió a diversos talleres y seminarios en instituciones educativas, entre ellas el Instituto Argentino de Desarrollo Económico, IADE.

Representando a FLACSO participó con una ponencia en las Jornadas Nacionales Nietzsche 1994 y su exposición forma parte del libro alusivo, editado por la Editorial Universitaria de Buenos Aires, EUDEBA. Ha colaborado también con publicaciones vinculadas a las Ciencias Sociales y co-dirigió programas radiales de temática histórico-política.

Profesionalmente, se desempeñó como docente de la Carrera de Ciencia Política de la UBA y actualmente es Director Académico de La Bisagra Editorial y autor de numerosos libros de temática universitaria.

Derechos exclusivos ©2011, La Bisagra Editorial.
Tonelero 5971, CP 1408, CABA, 4642-3802.
Impreso en Arieimpresores, Mariano Acha 2415 (1430), C.A.B.A., en el mes de marzo de 2011.

Hecho el depósito que prevé la ley 11.723
Impreso en Argentina

Diseño de tapa e interior: María Eugenia Vigna

Índice

1
Antes del examen

Puede parecer una tontería, pero lo diremos porque a veces lo que es obvio -de tan obvio- no es tenido en cuenta: **LO QUE HAY QUE HACER ANTES DE UN EXAMEN ES ESTUDIAR.**

Descubrimos la pólvora, ¿no? Pues bien, aquí van algunos pasos esenciales de lo que llamamos "estudiar"[1]:

Para comenzar, preguntémonos algo más básico: **¿PARA QUÉ ESTUDIAMOS?** Si me contestan que estudiamos para aprobar, les diré que están equivocados: no hay que estudiar para aprobar sino **PARA APRENDER.** El objetivo del estudio no debe ser la prueba ni la nota. Hay que cambiar totalmente el enfoque. ¿Entonces? Hay que estudiar para aprender. Para que el estudio sea un hábito, una costumbre. El examen pasa, lo aprendido queda *(debe quedar)*.

---

[1] Para profundizar en esta cuestión ver cómo estudiar *(consultar bibliografía)*.

¿DÓNDE HAY QUE ESTUDIAR?: en un **AMBIENTE TRANQUILO**, silencioso, sin gente, ventilado y con temperatura agradable.

¿CUÁNDO HAY QUE ESTUDIAR?: aquí se impone el armado de un **PLAN DE TRABAJO** o cronograma semanal. Dividir los temas y las tareas (leer, resumir, ejercitar, responder cuestionarios, repasar). Las fechas de examen no pueden faltar en ese plan, sobre todo para prevenir las situaciones –que son habituales– en que se superponen varios exámenes en una misma semana y ¡hasta en un mismo día!

PARA TENER EN CUENTA COMO IDEA BASE › EL EXAMEN NO NOS JUZGA NI CUESTIONA: EVALÚA O MIDE CUÁNTO SABEMOS DE CIERTO TEMA

¿CON QUÉ MATERIALES HAY QUE ESTUDIAR?: tenemos que tener a mano todo lo necesario: lapiceras, cuaderno, libros, apuntes, diccionarios, calculadora, regla, etc.

1.1 Pasos ineludibles de un buen estudio

1. Tener muy en claro la materia, la cátedra y el **PROGRAMA** de la misma es básico. Conocer el programa es tener el "adn" de la materia.
2. Hacer una **FICHA** de cada texto a leer con los datos más importantes: título del libro, contratapa, índice, biografía del autor, títulos de capítulos, subtítulos, etc.
3. **LEER** antes de cada clase.
4. Hacer una **PRIMERA LECTURA** sin marcar.
5. **RESALTAR** lo más importante.
6. De lo resaltado, marcar **PALABRAS CLAVE**, palabras indicadoras clave y conectores de puntos de vista.
7. Llevar a la clase un **RESUMEN** con propias palabras del texto que se verá. Marcar ideas y datos centrales más dudas[2].
8. Tomar **APUNTES** en clase de lo que el profe diga, escriba, etc. Usar palabras propias, abreviaturas y símbolos.
9. **COMPARAR** en casa el libro leído con los apuntes de clase.
10. Volver a la clase y hacerle notar esto al profesor al **PREGUNTAR** las dudas.
11. Sintetizar el resumen en un **CUADRO**, esquema o mapa conceptual de una carilla o dos.
12. **REPASAR**.

---

[2] Si no se leyó antes de clase, tomar a la clase como una introducción al texto que vamos a leer después.

1.2 "La pregunta del millón": ¿qué va a preguntar?

¿Alguna vez se preguntaron cómo arma las preguntas el docente? Pues bien, expondremos a continuación algunas técnicas para hacer preguntas. No quiere esto decir que todos los docentes las apliquen, pero sí que muchos de los criterios de las mismas están presentes en la visión del profesor a la hora de formular preguntas para examinar a sus alumnos.

Un recurso sencillo está al alcance de la mano: **PREGUNTAR AL PROFESOR QUÉ TIPO DE EXAMEN SERÁ**. Tipos de examen hay muchos. Y no es lo mismo un oral que un escrito, cualquiera sabe eso. Por eso, será esencial anticiparnos y preguntarle al docente qué tipo de evaluación aplicará en el examen. En el apartado "Durante el examen" profundizaremos en los tipos de evaluaciones más habituales.

También ayudará mucho **CONOCER AL PROFESOR PARA SABER QUÉ SUELE PREGUNTAR. Y DARLE MUCHA IMPORTANCIA A LOS REPASOS EN CLASE PRE-EXAMEN.** Tomar nota si el profe dice "esto es importante": es un indicador de que probablemente preguntará sobre ese tema.

1.3 Convertir al azar en un método: técnicas para identificar posibles preguntas de examen

Una manera sencilla de conocer cómo serán las preguntas de un examen es la de **CONSULTAR EXÁMENES ANTERIORES** sobre un tema tomados por el mismo profesor y/o por la misma cátedra (aunque en este último caso hay que tener cuidado, ya que dos profesores de una misma cátedra pueden preguntar cosas distintas o de una manera diferente). El objetivo no es sólo saber qué y cómo pregunta, sino tratar de responder esas preguntas.

Aunque no sean del mismo tema, consultar exámenes anteriores propios tendrá la ventaja de que podremos observar el estilo de preguntas que el profesor o cátedra en cuestión hacen habitualmente.

Pero más útil aún será **CREAR PREGUNTAS.** ¿Crear preguntas?, ¿de qué habla este hombre? Pues sí, crear preguntas es lo que hace precisamente el profesor. Si logramos incorporar métodos para crear buenas preguntas, **EL PASO QUE DAREMOS SERÁ GIGANTESCO.** ¿Pero cómo?

El punto de partida del ejercicio será siempre el de tener nuestros resúmenes debidamente confeccionados, es decir, con los conceptos fundamentales de los textos subrayados y con las palabras clave destacadas de algún modo (*muchos de los títulos y subtítulos de cada capítulo suelen ser palabras clave)*[3].

Con esas palabras clave, aplicaremos el siguiente **PRO-CEDIMIENTO**:

1. **TRANSCRIBIR LAS PALABRAS CLAVE** por separado › la idea es escribir cada palabra clave en un papelito, de manera de poder tener "fichas" para "jugar" con ellas. Serán las **FICHAS TEMÁTICAS.**

2. **ESCRIBIR FICHAS CON INTERROGANTES** › igual que en el paso anterior, buscamos obtener por separado "fichas", pero esta vez con los interrogantes básicos: ¿qué?, ¿quién?, ¿dónde?, ¿cuándo?, ¿cómo?, ¿por qué? y ¿para qué? Serán las **FICHAS INTERROGATIVAS.**

3. **CRUCE DE FICHAS AL AZAR** › tomaremos dos fichas temáticas y una ficha interrogativa.

4. **FORMULACIÓN DE LA PREGUNTA** › de las tres fichas debe salir una pregunta. Aquí veremos cómo el azar "armará" una pregunta para nosotros y **NOS OBLIGARÁ A PENSAR** en relaciones entre los elementos estudiados que tal vez no estaban explicitadas en los textos leídos.

5. **RESPUESTA A LA PREGUNTA.** También podemos formar equipos con uno o más compañeros, para que cada uno traiga sus propias preguntas. Así, en lugar de –digamos– cinco preguntas individuales sobre un tema, podremos tener

---

(3) Para profundizar en esta cuestión, ver *Cómo resumir* en la bibliografía.

quince (en el caso de un equipo de tres alumnos). El alumno 1 puede contestar las preguntas formuladas por el alumno 2, éste responder las elaboradas por el alumno 3, y finalmente este último encargarse de las preguntas del alumno 1.

6. **CRUCE DE RESPUESTAS** › el equipo en cuestión cruzará respuestas. En este sentido, también puede resultar interesante que cada uno por su lado trate de responder a la misma pregunta. Una vez contestadas, la idea es cruzar las respuestas.

Vamos con un ejemplo: supongamos que estamos estudiando historia argentina y que el examen será sobre los gobiernos radicales entre 1916-1930, hasta el golpe de Estado de ese año y la crisis económica mundial desatada en octubre de 1929.

Sacamos nuestra ficha interrogativa: "Cómo". Y dos fichas temáticas: "Modelo agro-exportador" y "Mercado interno". Armamos la pregunta: ¿Cómo afectó al mercado interno el modelo agro-exportador?

Segundo caso: seguimos con "Modelo agro-exportador", pero ahora las otras fichas son "Por qué" y "represión". Pregunta: ¿Por qué el modelo agro-exportador debió apelar a la represión *(de la clase obrera)*?

Tercer caso: "Cuándo", "sindicatos" y "anarquistas". Pregunta: ¿Cuándo tuvieron los anarquistas predominio en los sindicatos?

Lógicamente, habrá casos en que no será posible armar una pregunta coherente. En ese caso, habrá que "barajar y dar de nuevo".

Pero lo importante es adquirir la capacidad de ser creativos con los elementos que tengamos a mano. Puedo asegurarles que quienes lleguen a hacer este tipo de ejercicios **ESTARÁN INCORPORANDO UNA TÉCNICA DE ESTUDIO QUE LES SERVIRÁ PARA TODA LA VIDA.** Y les dará una seguridad de sí mismos asombrosa.

2
Durante el examen

2.1 Criterios generales a tener en cuenta para cualquier tipo de examen

Sea escrito u oral, presencial o no, todo docente evalúa los contenidos de la materia en cuestión. Pero no sólo eso.

También están en juego otras instancias tales como:

❋ **LA CAPACIDAD DE SÍNTESIS** › a la hora de calificar, el profe optará por la calidad de la exposición antes que la cantidad (*salvo que expresamente haya pedido un desarrollo in extenso, como sucede en el caso de una monografía*). "Lo bueno si breve, dos veces bueno".

❋ **EL SENTIDO COMÚN Y LA LÓGICA** › muchas veces los alumnos apelan a un recurso: la originalidad –incluso la excentricidad– a la hora de responder. Pero casi siempre no es más que un golpe de efecto –efectista pero no efectivo– destinado a ocultar que en verdad no se sabe con certeza la respuesta. Está bien ser creativos y originales a la hora de opinar, pero no a la hora de exponer conceptos o ideas de otros, que es precisamente lo que habitualmente se pregunta en un examen *(otra vez, salvo que se esté pidiendo una argumentación, etc).*

❋ **LA CLARIDAD** › ser claros a la hora de responder es un indicador inconfundible de que el alumno sabe de qué habla. Esto incluye una característica más: LA PRECISIÓN –definir o describir exactamente lo solicitado en la pregunta–.

❋ **LA BUENA PRESENTACIÓN** › es cierto que la forma no hace al contenido. Pero una letra clara, por ejemplo, predispone mejor al docente a la hora de corregir. Si el profe tiene que estar adivinando qué puso el alumno, es probable que pierda la paciencia. Algún "puntito" de calificación se escapará por alli…

¿Qué hacer si los nervios nos traicionan y no sabemos que escribir (o qué decir)? Lo primero será no entrar en pánico. Lo segundo, analizar cada palabra de la pregunta. Y lo tercero, asociar esas palabras con temas conocidos o que en ese momento recordemos.

Así, lo que estaremos haciendo es apelar a la asociación de ideas, como manera de retomar el eje de la cuestión.

¿Cuáles son los tipos de examen? Las **MODALIDADES DE EVALUACIÓN** de los alumnos son muy variadas. Las más habituales son las siguientes:

❋ **ESCRITO** › de desarrollo, a libro abierto, *multiple choice*, verdadero-falso, trabajo práctico, parcial domiciliario, monografía[4].

❋ **ORAL** › individual, coloquio.

---

[4] Para profundizar en esta cuestión, ver *Cómo hacer una monografía* en la bibliografía.

2.2. El examen escrito: características

Hay dos formas de evaluar en forma escrita que se diferencian por la profundidad del conocimiento exigido.

En la primera de ellas, el **EXAMEN ESCRITO MEMORÍSTICO**, lo que se exige es una reproducción de contenidos de la manera más exacta y exhaustiva posible. Se evalúa aquí la capacidad de retener y exponer datos con la máxima precisión que se pueda lograr.

Sin embargo, mucho más profunda es la evaluación en el caso del **EXAMEN ESCRITO COMPRENSIVO**, en el cual lo central pasa por establecer relaciones entre los contenidos o datos.

¿Por qué es más profundo este tipo de examen? Porque comprender ayuda a memorizar, en tanto que memorizar no implica comprender.

2.2.1 Algunos casos de exámenes escritos: verdadero-falso, *multiple choice*, a libro abierto

Antes de adentrarnos en el caso típico de examen escrito –las preguntas a desarrollar– analizaremos brevemente tres modalidades habituales: el examen a libro abierto, el *multiple choice* y el verdadero-falso.

Comencemos por este último, el **EXAMEN VERDADERO-FALSO**. Dado que las opciones son dos, puede parecer sencillo. Pero cuidado: el docente pondrá toda su "malicia" en juego para colocar la suficiente cantidad de "trampas" para que el alumno poco atento "caiga" en ellas.

¿Cómo hacer para no caer en esas trampas? Una manera es estar muy pendientes de los **ADVERBIOS DE FRECUENCIA**, tales como "nunca", "siempre", "normalmente", "alguna vez" y otros similares. ¿Cuál es la ayuda?: que las afirmaciones *(o negaciones)* extremas por lo general son falsas. Esto no es infalible *(si no se estudió, no hay truco que valga)*.

¿Y cómo responder en el caso del **EXAMEN *MULTIPLE CHOICE***? Aquí es importante la acción de descarte: si tenemos cinco opciones y sólo una es correcta, siempre habrá una o dos que por razonamiento dejaremos de lado. Supongamos que de las cinco alternativas nos quedan tres. ¿Cómo seguir? Aquí lo que debemos poner en juego es nuestra capacidad de hacernos preguntas sobre el asunto en cuestión, relacionándolo con otros temas que nos sean familiares. Al igual que en el caso del verdadero-falso, aquí tampoco hay fórmula mágica que nos salve si no estudiamos antes del examen como corresponde.

En el caso del **EXAMEN A LIBRO ABIERTO** se da comúnmente la siguiente situación: ante el anuncio del profesor de que tomará "a libro abierto", el alumno inexperto cree que será "fácil". "Está todo en el libro; sólo hay que copiarlo", razona.

Craso error: si el docente deja que los alumnos tengan consigo sus libros es porque está pensando en preguntas más profundas y más analíticas. **SE TRATA DE UN EXAMEN MÁS COMPLEJO,** no de uno más sencillo.

Las operaciones que el alumno deberá poner en práctica no se limitarán a memorizar, describir o relacionar. En este caso es muy probable que se le pida al alumno un análisis comparativo de teorías y una argumentación propia. Algo así como una monografía en pequeño.

2.2.2 El examen escrito típico: preguntas a desarrollar

❋ Dar una **LEÍDA GENERAL** a las preguntas.

❋ Identificar **PALABRAS CLAVE CONCEPTUALES** (*es decir, aquellas que relacionamos rápidamente con los contenidos estudiados*).

❋ Identificar las **PALABRAS CLAVE OPERATIVAS** (*es decir, las que indican qué es exactamente lo que la pregunta nos pide hacer –veremos esto más en profundidad al analizar las consignas–*).

❋ **PREGUNTAR** al profesor **TODAS LAS DUDAS** que tengamos acerca de las consignas al principio del examen.

❋ **REPARTIR EL TIEMPO** disponible adjudicando una cantidad de minutos a cada pregunta, de acuerdo con su extensión, complejidad y el grado de conocimiento que tengamos de cada una.

¿Por dónde empezar? **SIEMPRE HAY QUE RESPONDER PRIMERO LO QUE SE SABE**, para "sacarnos de encima" las preguntas que nos resultan "fáciles" y concentrar todo nuestro esfuerzo en descifrar las que nos resultan complejas. Lo que se sabe al principio, siguiendo por lo que se sabe en parte y terminando con lo que –en principio– no se sabe.

Para cada una de las preguntas, es muy bueno **ARMAR** en hoja aparte *(como borrador, no para presentar)* **UN** esquema previo o **MAPA CONCEPTUAL** con las palabras clave que figuren en el enunciado. A esas palabras clave le iremos agregando otras que relacionemos, armando de este modo un árbol. Ese "esqueleto" será nuestra guía para redactar la respuesta.

2.2.3 Una cuestión estratégica: comprender las consignas

Es elemental lo siguiente: no podemos comenzar a responder un examen si no sabemos exactamente qué es lo que se nos está preguntando y cómo nos piden que respondamos.

TENEMOS QUE ESTAR COMPLETAMENTE SEGUROS DE HABER ENTENDIDO LAS PREGUNTAS ANTES DE RESPONDER. Caso contrario, nos pasará lo que sucede demasiado habitualmente: responderemos otra cosa –no lo que nos pidieron–.

LA CONSIGNA INCLUYE SIEMPRE UN VERBO, UNA ACCIÓN (ANALIZAR, DESCRIBIR, COMPARAR, EJEMPLIFICAR, JUSTIFICAR, ARGUMENTAR, EXPLICAR, RELACIONAR, ETC). A LA HORA DE LEER LA PREGUNTA, DEBEMOS NOSOTROS PREGUNTARNOS "¿QUÉ ME PIDEN QUE CONTESTE?"

Las **CONSIGNAS** de un examen son actos de habla pertenecientes al discurso instruccional. Es decir que SE TRATA DE ÓRDENES, indicaciones y orientaciones[5]. Las directivas de los exámenes –el caso típico es el del parcial universitario– se formulan en modo imperativo (*una orden*) y en el tiempo verbal infinitivo (*describir, comparar, justificar, etc*). Estas

---

[5] Para profundizar ver el *Manual de lectura y escritura universitarias*, capítulo 5 (*consultar bibliografía*).

directivas solicitan por parte de los alumnos acciones de tipo cognitivas.

Es muy importante tomar conciencia de que **EL DOCENTE NO EVALÚA SOLAMENTE SI EL ALUMNO SABE EL CONTENIDO** de la materia. También mide la capacidad del estudiante para distinguir las operaciones discursivas y cognitivas que se les plantean y la aptitud para redactar textos de manera coherente, adaptados a la consigna solicitada.

Al responder, el alumno es evaluado en esas y otras capacidades, tales como el uso de una estrategia para explicar un tema, sintetizar lo esencial (caso típico de la pregunta cuya consigna es resumir lo esencial de un tema), comparar teorías, fundamentar opiniones, demostrar una idea, etc.

2.2.4 Las consignas de examen más utilizadas

Es muy importante que el lector preste especial atención a este apartado. Hablaremos aquí de algo que aparece como "dado", algo de lo que no se habla, algo que se da por entendido. Y el problema – ¡justamente! – es que en una innumerable cantidad de situaciones no se entiende. Una de las causas principales de fracasos en los exámenes es la incomprensión de la consigna, la no toma de conciencia respecto de cuál es la operación que la pregunta solicita al alumno.

Distinguir, justificar, identificar, explicar, enumerar, definir, ejemplificar, argumentar, ordenar, reconocer, comparar: verbos. Acciones. Más o menos parecidas a simple vista. Pero diferentes. Conocer la diferencia puede ser vital a la hora de responder correctamente.

SABER EL CONTENIDO DE UN EXAMEN NO ES SUFICIENTE SI NO SE COMPRENDE LA OPERACIÓN QUE LA PREGUNTA EXIGE

2.2.4.1 Identificar, reconocer, enumerar y distinguir

Comencemos por **LAS ACCIONES MÁS SENCILLAS: <u>ENUME-RAR, RECONOCER, DISTINGUIR, IDENTIFICAR</u>**. ¿Por qué decimos que son las más sencillas? Porque el **GRADO DE ABSTRACCIÓN** de esas operaciones es **BAJO**, ya que aluden a cuestiones fácilmente determinables. Por ejemplo, Identifique a los grupos opositores al peronismo que apoyaron a la Unión Democrática. Respuesta: la UCR, el PDP, el PS y el PC.

Aquí el alumno debe responder estrictamente lo que se le pide. Ahora bien, hay que tener cuidado: "identificar" puede no significar lo mismo para un docente y para otro. Mientras que para un docente los cuatro partidos mencionados serán suficientes, otro puede incluir al Partido Conservador, que no formaba parte de la Unión Democrática pero la apoyaba.

¿Cómo sortear esto? En primer lugar, contemplando el contexto de situación del examen en cuestión, lo que significa conocer al profesor (*¿pregunta "sin trampitas" o es un quisquilloso que "le busca el pelo al huevo"?*) y al programa de la cátedra (*por ejemplo, si se trata de una cátedra de ideología conservadora, será conveniente incluir al Partido Conservador en la respuesta, ¿no les parece?*).

2.2.4.2 Ejemplificar

Veamos ahora la operación de **EJEMPLIFICAR**. ¿Qué es un ejemplo? Un caso particular que sirve para aclarar una definición o un concepto.

Parece fácil, ¿verdad? Sin embargo, hay que tener cuidado para no cometer errores muy comunes en los exámenes.

Un primer posible error es el de poner un ejemplo que no sirve como caso para el tema planteado por la pregunta. Si en un examen de Semiología la pregunta es "Ejemplifique un caso de vaguedad" y respondemos con la expresión "El animal de Alejandro comió muchísimo", el ejemplo no se corresponde con el concepto de vaguedad *(falta de precisión o límites precisos en el significado de un término)* sino con el ambigüedad *(no se sabe si el sujeto de la acción es alguien con ese nombre o su perro).*

Pero hay otra forma de error más sutil: la de poner un ejemplo en el lugar de una definición. Es raro que en una pregunta de examen sólo se pida ejemplificar. Por lo general, primero hay que definir o explicar. Muchos alumnos apelan al ejemplo cuando no pueden conceptualizar una idea. Es el caso de la pregunta que solicita "Defina polifonía" y en cuya respuesta el alumno escribe "Un caso de polifonía es la cita". El ejemplo es correcto, pero la respuesta está mal. Lo mismo pasa si nos piden "Definir plusvalía en Marx" y contestamos "Hay dos tipos de plusvalía: absoluta y relativa". Hemos hecho una enumeración, pero no hemos definido al concepto. Reprobado.

NO ES CONVENIENTE PONER LOS EJEMPLOS QUE DIO EL PROFE (O LOS QUE FIGURAN EN EL LIBRO). SI PONEMOS NUESTROS PROPIOS EJEMPLOS ESTAREMOS DEMOSTRANDO QUE HEMOS COMPRENDIDO EL TEMA

2.2.4.3 Definir (y caracterizar o describir). Narrar

Avancemos un poco en la complejidad de la operación: supongamos que en un parcial de Psicología nos toque Freud y nos pidan **DEFINIR** "censura". Aquí se nos exige algo más que nombres; **SE NOS PIDE UN CONCEPTO** de una teoría, del cual debemos demostrar cuánto sabemos. Y ocurre que –justamente– al tratarse de un concepto que forma parte de una teoría, es inevitable que tengamos que hacer referencia a esta teoría *(en el ejemplo, el psicoanálisis)*. Si habláramos de la censura en general, sin contemplar la teoría freudiana, la respuesta será incorrecta.

Cuando nos piden "Definir censura" hay que tener en cuenta que existen dos tipos de definiciones:

✽ La **DEFINICIÓN DE EQUIVALENCIA** brinda características de un concepto. Por ejemplo, "La censura es una barrera selectiva utilizada por el yo." Aprovechemos para decir que la operación cognitiva de **CARACTERIZAR** o **DESCRIBIR** implica establecer los rasgos esenciales y distintivos de un concepto, idea o teoría.

✽ La **DEFINICIÓN FUNCIONAL** describe la función que ese concepto cumple. Por ejemplo, "La censura cumple la función de impedir el pasaje de deseos inconscientes al sistema preconsciente-sistema consciente y se halla por consiguiente en el origen de la represión."

Un caso especial es el de la operación de **NARRAR**, que implica comunicar hechos o acontecimientos. Es muy habitual en historia.

2.2.4.4 Explicar

¿Qué diferencia habrá entre definir y **EXPLICAR?** Supongamos que en un parcial de Economía la pregunta nos pide "Definir y explicar el concepto de "plusvalía" en Marx". Podemos definir a la plusvalía como a la "diferencia entre el valor de la mercancía fuerza de trabajo que el capitalista adquiere por su valor de cambio y el valor que el obrero crea cuando se pone a trabajar –valor de uso, mayor que el valor de cambio-."

Muy bien, hemos definido plusvalía. Pero aún no la hemos explicado. ¿Cuál es la diferencia? La diferencia es que al **DEFINIR** decimos **"QUÉ"** es la plusvalía y al **EXPLICAR** decimos **"POR QUÉ"** se produce.

Una posible respuesta que explique el concepto podría decir que "La plusvalía se produce porque el trabajo del obrero se divide en dos partes: en la primera, el trabajador reproduce su propio valor –cobra un salario que le permite comer, vestirse y volver a la fábrica cada día-. Este es el valor de la fuerza de trabajo, representado por el salario. En la segunda parte, el obrero produce un valor que supera su propio valor: un plus-valor o plus-valía *(cuyo significado es "más valor")."*

Pero no se termina allí el problema. A veces las preguntas exigen explicar, no un concepto, sino la incidencia *(o la relación de causa-efecto)* de ese concepto sobre otro. Por ejemplo, "Explicar por qué el concepto de plusvalía es esencial para el concepto de modo de producción capitalista en Marx". ¿Se advierte la dificultad? No sólo tendremos que saber qué es la plusvalía y por qué se produce sino que además ahora tendremos que explicar su relación con el capitalismo *(para lo cual también tendremos que definir y explicar este concepto)*.

Una posible respuesta puede ser: "El capitalismo es un modo de producción en el que los bienes por medio de los cuales se realiza la producción –el capital- son de propiedad privada o individual. Esto implica la concentración de la propiedad en unas pocas manos y la carencia de propiedad por parte de la mayoría, que obliga a los que no son propietarios a alquilarse a los propietarios, convirtiéndose en asalariados. Para que algunos vivan sin trabajar -los capitalistas o burguesía- otros –los trabajadores o proletariado- deben producir más de lo que ganan, más que el valor de su fuerza de trabajo *(remunerada con el salario)* y ese "más valor" es el plusvalor o plusvalía, tal como lo llamó Marx. Esa plusvalía es la base de la acumulación de capital con la que el sistema se reproduce."

Si el lector comenzó a preocuparse, deberá armarse de paciencia. Las cosas se pueden complicar un poco más. ¿Qué sucede si en lugar de pedirnos que expliquemos un concepto del autor A nos piden que expliquemos la interpretación que un autor B hace sobre ese concepto?

Por ejemplo, "Explicar la interpretación neoclásica sobre la plusvalía". Si por toda respuesta los lectores dijeron "Estamos en el horno", les pido un poco de paciencia.

Obviamente aquí la cuestión es que en la respuesta vamos a tener que hablar: 1- de la plusvalía según Marx, 2- de la plusvalía según cómo los neoclásicos interpretan a Marx. Pero además: 3- de nuestra propia interpretación sobre lo que los neoclásicos dijeron de la plusvalía de Marx.

En Semiología este trabalenguas se denomina **"POLIFO-NÍA"**, es decir, la convivencia de varias voces en un mismo discurso. Es importantísimo que el alumno sepa quién está hablando en cada parte de su respuesta. Puede hablar Marx o pueden hablar los neoclásicos. Pero nuestra propia redacción es una tercera voz en juego.

2.2.4.5 Comparar y diferenciar

Cuando el verbo de la pregunta es comparar o diferenciar lo que se está pidiendo es que se analicen las relaciones entre dos ideas, hechos, conceptos o teorías. Pero se trata de dos operaciones distintas.

Al **COMPARAR** se busca establecer las semejanzas y diferencias entre dos o más elementos.

En cambio, **DIFERENCIAR** implica solamente remarcar aquellos elementos que sean distintos.

Es evidente que para comparar o diferenciar habrá que conocer bien a ambos elementos a comparar o diferenciar.

Por otra parte, no todo lo comparable ni todas las diferencias son de la misma importancia o jerarquía: la propia comparación o diferenciación tiene que establecer cuáles de las características cotejadas son las más relevantes.

2.2.4.6 Argumentar (fundamentar, justificar)

Cuando la acción que la pregunta de examen solicita es **ARGUMENTAR**, estamos ante operaciones cognitivas de **ALTO NIVEL DE ABSTRACCIÓN**, que están presentes en el discurso argumentativo. La **ARGUMENTACIÓN** es un discurso que intenta modificar la actitud del interlocutor o destinatario. En la argumentación, un enunciador busca transformar por medios discursivos el sistema de creencias y de representaciones de su destinatario. El enunciador relaciona opiniones y las representa en forma de razonamientos coherentes y lógicos para ser convincente. Al argumentar se lo hace siempre a favor o en contra de algo o alguien. Ese algo o alguien es el tema del argumento[6].

Cuidado: si la pregunta pide "Fundamentar la siguiente frase de Piaget..." la respuesta no puede ser lo mismo con otras palabras porque caeríamos en una tautología. **LO QUE SE PIDE ES QUE** se analicen los conceptos del texto en cuestión y **SE HABLE** de ellos **EN FORMA CRÍTICA**, es decir, elaborando nuestros propios argumentos (*favorables o desfavorables*).

---

[6] Para profundizar en el tema argumentación ver en la bibliografía *Cómo hacer una monografía*.

2.2.5 El método Black-Red-Green

La *Royal Literary Fund* propone un **MÉTODO** al que llamó *"BLACK-RED-GREEN"*[7]. Básicamente el **OBJETIVO** del método es que el alumno tenga la certeza de que ha tomado en cuenta **CADA DETALLE DEL ENUNCIADO DE LA PREGUNTA** que se le hace en el examen.

Para ello, la estrategia consiste en dividir el texto de la pregunta en tres partes, cada una de las cuales se subrayará con un color distinto:

✺ <u>NEGRO</u> *(BLACK)* › con este color se deben subrayar las órdenes o instrucciones de carácter obligatorio. Es decir, las operaciones cognitivas que analizamos en el punto 2.2.4. Resumiendo: en negro se marca **QUÉ HAY QUE HACER.**

✺ <u>ROJO</u> *(RED)* › con el rojo marcaremos los puntos de referencia o de información, tales como autores, teorías, términos o definiciones. Es decir que subrayaremos **DE QUÉ HAY QUE HABLAR.**

✺ <u>VERDE</u> *(GREEN)* › color destinado a marcar todo lo que nos dé pistas sobre cómo contestar o en qué cuestiones enfatizar. Es decir, **QUÉ PRIORIZAR.**

---

[7] http://www.rlf.org.uk/fellowshipscheme/writing/mission_possible.cfm

2.2.6 Cómo redactar las respuestas

Hablábamos más arriba de la necesidad -una vez que estamos frente al papel con las preguntas- de **PLANIFICAR EL EXAMEN**. Decíamos que hay que distribuir el tiempo disponible. Pero, ¿cómo saber **CUÁNTO TIEMPO ADJUDICAR A CADA PREGUNTA?** Dos son los **CRITERIOS** para ello: 1- a mayor complejidad de la operación cognitiva que plantee la pregunta *(es decir, el verbo o acción que pida)*, mayor tiempo necesitaremos *(en el extremo: fundamentar debería insumir muchísimo más tiempo que enumerar)* y, 2- cuanto más tengamos en claro el tema de la pregunta, menor tiempo le dedicaremos. Es obvio que para ello deberemos leer todas las preguntas antes de decidir cuánto tiempo le dedicaremos a cada una y de determinar el orden en que las contestaremos *(si la pregunta 3 es la más fácil, no hay ninguna razón para contestarla en tercer lugar: hay que responderla lo más rápido posible para ganar tiempo para las preguntas más complejas).*

❋ **TENER EN CLARO EL <u>VERBO</u> QUE LA PREGUNTA PIDE** › es necesario insistir en esto hasta el cansancio. Por eso lo colocamos en primer lugar.

❋ **DARLE UNA <u>ESTRUCTURA</u> A LA RESPUESTA** *(en los casos en que la operación pedida exija un desarrollo)* › presentar el tema con una pequeña introducción, explayarse en el desarrollo y cerrar con una conclusión.

❋ **<u>NO</u> SER <u>REDUNDANTES</u>** › decir las cosas claramente sólo una vez.

❋ **DEJAR EN CLARO <u>QUIÉN HABLA</u>** › una cosa es que el historiador Romero hable de Perón, otra que nosotros hablemos de Perón y otra que nosotros hablemos de Romero. Podemos poner "Según Romero, Perón dijo…" *(no estamos citando sino que estamos redactando con nuestras palabras las ideas del otro)*. Estar atentos a las referencias: si ponemos "éste", que quede claro si "éste" es Perón, Romero o un tercero. Estos errores gramaticales provocan respuestas incoherentes y ponen de muy mal humor al docente.

✳ **MODALIDAD DE <u>ENUNCIACIÓN ASERTIVA</u>** › evitar hablar en potencial: "Podríamos decir que Freud revolucionó la Psicología"; digámoslo directamente: "Freud revolucionó la Psicología". De lo contrario, nuestro discurso será impreciso, ambiguo y dubitativo.

✳ **USAR EL <u>LÉXICO</u> ADECUADO** › **1- A LA TEORÍA:** si estamos hablando de la psicología conductista no podemos usar un término como "inconsciente" porque la teoría conductista excluye ese término y, **2- AL MUNDO ACADÉMICO:** no es correcto decir, por ejemplo, "en la Primera Guerra Mundial hubo *bocha* de muertos".

✳ **NO ESCRIBIR PARA "RELLENAR"** › el profe interpretará que se contestó algo que NO se preguntó. En lugar de sumar, el "relleno" restará.

✳ **EVITAR RESPUESTAS DEMASIADO LARGAS O DEMASIADO CORTAS** › salvo –lógicamente– en el caso de que la consigna lo indique expresamente.

✳ **¡PROLIJIDAD!** › esto no implica sólo una buena letra: también hay que ser prolijos en el orden de exposición, en la coherencia entre los párrafos, en el estilo de redacción, etc.

✳ **ESTILO** › no usar expresiones del discurso oral *(por ejemplo, "de un modo u otro")*, no hablar en primera persona del singular *("pienso que…")* sino del plural *("nosotros")*. O apelar a expresiones impersonales como "Se sostiene que…".

❊ **REVISAR TODO** › antes de entregar **BUSCAR ERRORES DE CONTENIDO, DE ORTOGRAFÍA Y DE GRAMÁTICA.** Corregir todo lo que se pueda.

2.3 El examen oral

El examen oral puede ser un trastorno para muchos porque –a diferencia del escrito– aquí no hay tiempo para reflexionar. La presión de la mirada y el silencio del docente exigen de nosotros serenidad, rapidez mental y la menor vacilación posible.

Tomarse unos segundos antes de responder, relajarse, tragar saliva y fundamentalmente **ADOPTAR UNA ACTITUD POSITIVA** frente a la situación: no veamos el examen como a un pelotón de fusilamiento, donde el docente nos invita a decir nuestras últimas palabras y a pedir nuestro último deseo, sino como a una oportunidad para demostrar nuestro conocimiento del tema y de aprovechamiento de un intercambio personalizado con el profesor.

HERRAMIENTAS PARA AFRONTAR CON ÉXITO UN EXAMEN ORAL

✽ Si no comprendemos la consigna que se nos formuló, **PEDIR AL PROFESOR QUE REFORMULE LA PREGUNTA.** Ésta es una ventaja del oral respecto del escrito, ya que permite en mayor medida aclarar puntos oscuros, especificar temas o reformular ideas.

✽ **ORGANIZAR EN PARTES LAS PREGUNTAS AMPLIAS.** Se trata aquí de tener una estrategia de exposición, anticipándole al docente en una especie de presentación o sumario los puntos principales que desarrollaremos.

❋ **EN** el caso de **LAS PREGUNTAS CORTAS, IR AL PUNTO** con claridad y sin rodeos.

❋ **UTILIZAR SINÓNIMOS:** no queda bien reiterar términos todo el tiempo. Tratemos de ser didácticos.

❋ **NO USAR MULETILLAS** (*"esteee…", "o sea", "tipo", etc*): denotan inseguridad de nuestra parte.

❋ **HABLAR PAUSADO.**

❋ En el caso de **"LAGUNAS"**, pedirle al profesor un breve tiempo para organizar mentalmente la respuesta.

ANTES DEL ORAL
ORGANIZAR MAPAS CONCEPTUALES puede ser de gran ayuda, ya que **NOS PERMITE** ver y relacionar datos, y **ARMAR UNA "FOTO" DE LA ESTRUCTURA.** Al no tener a la vista la redacción original de las frases sino sólo las palabras clave, **PODREMOS PRACTICAR ORALMENTE LA ELABORACIÓN DE LAS ORACIONES CON NUESTROS PROPIOS CONECTORES** y demás recursos lingüísticos.

3
Después del examen

El examen no termina cuando le entregamos la hoja al profe. Tampoco cuando nos dan la nota.

El examen –dijimos– sirve para evaluar o medir cuánto sabemos. Si nos equivocamos, es fundamental saber en qué nos equivocamos. Y más importante aún: por qué nos equivocamos.

Será de gran utilidad entonces **REVER EL EXAMEN**. Muchos docentes hacen una corrección colectiva en la clase, lo cual es muy bueno. Pero si nuestro docente no tiene esa saludable costumbre, es aconsejable que nosotros tomemos la iniciativa y le pidamos ver nuestro examen. Es más: lo ideal sería que lo veamos con él para ir comentando los errores cometidos.

¿Qué clase de ERRORES se cometen **EN LOS EXÁMENES**? Tenemos tres casos principales:

❋ ERRORES CONCEPTUALES › no se entendió la pregunta. Volvemos a la cuestión de las consignas.

❋ ERRORES DE ESTRATEGIA › no se leyó lo suficiente, se faltó a clase, no se tomaron los apuntes necesarios, no se resumió, etc. En síntesis: no se estudió correctamente.

❋ ERRORES DE ESCRITURA › son errores gramaticales, tales como falta de conectores, referentes confusos, desorganización, incoherencia, etc.

Bibliografía

Arnoux, Elvira N. de et al, *La lectura y la escritura en la universidad*, EUDEBA, Buenos Aires, 2002.

Bas, Alcira et al, *Escribir: apuntes sobre una práctica*, EUDEBA, Buenos Aires, 2000.

Carlino, Paula, *Escribir, leer y aprender en la universidad*, FCE, Buenos Aires, 2005.

Clarín, *Colección libros de orientación vocacional*, "Q´estudio", Nº 6, Buenos Aires, 2010.

Fau, Mauricio, *Cómo estudiar*, La Bisagra Editorial, Buenos Aires, 2011.

-, *Cómo hacer una monografía*, La Bisagra Editorial, Buenos Aires, 2011.

-, *Cómo resumir*, La Bisagra Editorial, Buenos Aires, 2008.

Marín, Marta y Hall, Beatriz, *Prácticas de lectura con textos de estudio*, EUDEBA, Buenos Aires, 2005.

Nogueira, Sylvia (coordinadora), *La lectura y la escritura en el inicio de los estudios superiores*, Prácticas de taller sobre discursos académico, político y parlamentario, Editorial Biblos, Buenos Aires, 2006.

-, *Manual de lectura y escritura universitarias*, Editorial Biblos, segunda edición corregida, Buenos Aires, 2004.

NOTAS

NOTAS

NOTAS

NOTAS